SUPPLÉMENT AU MANUEL

DE LA

RÉVISION DE LA LISTE ÉLECTORALE

A. de **TAILLANDIER**

Ancien Rédacteur au Ministère de la Justice
Président du Tribunal Civil de Riom.

SUPPLÉMENT AU MANUEL

DE LA

EVISION de la LISTE ÉLECTORALE

à l'usage

DES PRÉFETS, SOUS-PRÉFETS, MAIRES

DES JUGES DE PAIX

DES COMMISSIONS DE REVISION DE LA LISTE ÉLECTORALE

ET DES ÉLECTEURS

ommentaire de la loi du 29 juillet 1913

MODIFIÉE PAR LA LOI DU 31 MARS 1914

SUR LA

COMPOSITION ET LA REVISION DES LISTES ÉLECTORALES

ET LA LOI DU 15 JANVIER 1919

Direction des Publications Administratives

ET

Bibliothèque Municipale et Rurale

22, RUE CAMBACÉRÈS, 22

PARIS (8º)

1919

Direction des Publications Administratives

22, Rue Cambacérès — Paris (8e)

Publications périodiques recommandées.

JOURNAL

DES

MAIRES ET DES CONSEILS MUNICIPAUX

Fondé en 1858, par **J. DUBARRY**, Sous-Préfet
et continué par le **Comité de Rédaction des Publications administratives**

Le *Journal des Maires et des Conseils Municipaux* donne, au fur
à mesure de leur publication, le commentaire pratique des lois, réglemen
et instructions ministérielles, et indique les moyens de s'y conform
*(marche à suivre pour l'instruction des affaires, composition des dossiers, fo
mules d'arrêtés et de délibérations, etc.)*

Sous la rubrique « **Questions diverses** », le *Journal des Mair*
insère des réponses faites par son *Comité de Rédaction* composé d'Admin
trateurs et de Jurisconsultes particulièrement compétents en matiè
d'administration municipale, à des consultations demandées par ses abonn
et susceptibles d'intéresser tous ses lecteurs. Il est le conseiller sûr
éclairé des Maires et des Municipalités.

Cette publication périodique tient au courant de la législation et de la
jurisprudence les ouvrages du même Auteur, intitulés le *Secrétaire*
Mairie et le *Formulaire des Maires et des Conseils Municipaux*.

Un tableau imprimé sur la couverture de chaque numéro du *Journal*
contient la nomenclature des *Devoirs principaux* de MM. les Maires penda
le mois, avec des renvois aux articles des ouvrages précités qui doive
leur servir de guide.

Des consultations particulières sont données gratuiteme
aux abonnés du *Journal des Maires*.

Le *Journal des Maires* a fait l'objet d'une recommandation élogiet
du Président du Conseil, Ministre de l'Intérieur. (Circulaire ministérie
du 14 décembre 1906).

L'abonnement est de **6 francs par an.**

BULLETIN DES COMMUNES

FONDÉ EN 1891

Par **Marcel BURIN du BUISSON**

Rédacteur au Ministère de l'Intérieur

et continué par le **Comité de Rédaction des Publications administratives**

Ce recueil est le complément naturel du *Journal des Maires*. Il donne le te
complet, annoté et commenté, de toutes les lois nouvelles, des décrets et arrêt
ministériels d'intérêt général et le sommaire des lois et décrets d'intérêt local.

Ce recueil a été recommandé par une circulaire du Président du Conseil
Ministre de l'Intérieur. (Circulaire ministérielle du 14 décembre 1906.)

L'abonnement est très modique : **4 fr. par an.**

A. de TAILLANDIER

Ancien Rédacteur au Ministère de la Justice
Président du Tribunal Civil de Riom.

SUPPLÉMENT AU MANUEL

DE LA

REVISION de la LISTE ÉLECTORALE

à l'usage

DES PRÉFETS, SOUS-PRÉFETS, MAIRES

DES JUGES DE PAIX

DES COMMISSIONS DE REVISION DE LA LISTE ÉLECTORALE

ET DES ÉLECTEURS

Commentaire de la loi du 29 juillet 1913

MODIFIÉE PAR LA LOI DU 31 MARS 1914

SUR LA

COMPOSITION ET LA REVISION DES LISTES ÉLECTORALES

ET LA LOI DU 15 JANVIER 1919

Direction des Publications Administratives

ET

Bibliothèque Municipale et Rurale

22, RUE CAMBACÉRÈS, 22

PARIS (8°)

1919

SUPPLÉMENT AU MANUEL

DE LA

Revision de la Liste électorale

I. — LÉGISLATION

Loi du 29 juillet 1913, modifiée par la loi du 31 mars 1914.

Inscriptions sur la liste électorale. — Interdiction des inscriptions multiples.

Art. 1er. — Nul ne peut être inscrit sur plusieurs listes électorales.

Lorsqu'un citoyen est inscrit sur plusieurs listes électorales, le maire, ou, à son défaut, tout électeur porté sur l'une de ces listes, peut exiger, devant la commission de revision des listes électorales, huit jours au moins avant leur clôture, que ce citoyen opte pour son maintien sur l'une seulement de ces listes.

A défaut de son option dans les huit jours de la notification de la mise en demeure faite par lettre recommandée, il restera inscrit sur la liste dressée dans la commune ou section de commune où il réside depuis six mois et il sera rayé des autres listes.

Les réclamations et contestations à ce sujet sont jugées et réglées par les commissions et juges de paix compétents pour opérer les revisions de la liste électorale sur laquelle figure l'électeur qui réclame l'option, et ce, suivant les formes et délais prescrits par le décret organique du 2 février 1852 et la loi du 7 juillet 1874.

Toute personne qui aura réclamé et obtenu une inscription sur deux ou plusieurs listes sera punie des peines prévues par l'article 31 du décret organique du 2 février 1852.

Toute demande de changement d'inscription devra être accompagnée d'une demande en radiation de la liste du domicile électoral antérieur, pour être transmise au maire dudit domicile.

Toute fraude dans la délivrance ou la production d'un certificat d'inscription ou de radiation des listes électorales, sera punie des peines portées à l'article 12 de la présente loi.

Art. 2. — Le paragraphe 3 de l'article 14 de la loi du 5 avril 1884 est ainsi modifié : « La liste électorale comprend : 1° tous les électeurs qui ont leur domicile réel dans la commune ou y habitent depuis six mois au moins ; 2° ceux qui figureront pour la cinquième fois sans interruption, l'année de l'élection, au rôle d'une des quatre contributions directes ou au rôle des prestations en nature et, s'ils ne résident pas dans la commune, auront déclaré vouloir y exercer leurs droits électoraux.

Néanmoins les électeurs qui, en vertu des dispositions du § 3, n° 2, de l'article 14 de la loi du 5 avril 1884 ont été inscrits sur une liste électorale, continueront à y figurer de plein droit ou pourront s'y faire réintégrer s'ils ont été rayés d'office, alors même qu'ils ne seraient pas inscrits pour la cinquième fois au rôle d'une des quatre contributions directes ou des prestations [1].

II. — COMMENTAIRE

La composition et la revision des listes électorales.

D'après la loi du 29 juillet 1913, modifiée par la loi du 31 mars 1914 [2],

Les articles 1 et 2 de la loi du 29 juillet 1913, ont, d'une part, modifié les conditions requises pour avoir droit à l'inscription sur la liste électorale et, d'autre part, proclamé le principe de l'unité d'inscription en édictant les mesures nécessaires à son application. C'est sous ce double aspect que nous nous proposons de les commenter.

---

1. — Les dispositions du paragraphe en italique avaient un caractère transitoire et tout sans intérêt aujourd'hui.

2. — Voir ci-après les modifications apportées par la loi du 15 janvier 1919 aux délais impartis pour l'établissement des listes électorales en 1919.

CHAPITRE Iᵉʳ. — *Conditions requises pour avoir droit à l'inscription
sur la liste électorale.*

D'après l'article 14 de la loi du 5 avril 1884, modifiée par celle du
29 juillet 1913, la liste électorale comprend : 1° tous les électeurs
qui ont leur domicile réel dans la commune ou y habitent depuis
six mois au moins ; 2° ceux qui y figurent pour la cinquième fois
sans interruption au rôle d'une des quatre contributions directes
ou au rôle des prestations en nature et qui, s'ils ne résident pas
dans la commune, ont déclaré vouloir y exercer leurs droits électoraux. Peuvent également être inscrits, aux termes de ce paragraphe, les membres de la famille des mêmes électeurs, compris
dans la cote de la prestation en nature, alors même qu'ils n'y sont
pas personnellement portés et les habitants qui, en raison de leur
âge ou de leur santé, ont cessé d'être soumis à cet impôt ; 3° ceux
qui sont assujettis à une résidence obligatoire dans la commune
en qualité de fonctionnaires publics [1] ; 4° enfin, les citoyens français établis à l'étranger et immatriculés au consulat de France conservent le droit d'être inscrits, s'ils le demandent, sur la liste
électorale de la commune où ils ont satisfait à la loi sur le recrutement de l'armée et rempli leurs obligations militaires.

Il suffit qu'un citoyen remplisse dans la commune l'*une quelconque* des conditions ci-dessus énumérées pour qu'il ait le droit
d'être inscrit sur la liste électorale ; nous allons donc examiner
successivement chacune d'elles.

§ 1ᵉʳ. — Du domicile réel.

En premier lieu, ont le droit d'être inscrits sur la liste les citoyens qui ont leur domicile réel dans la commune, *même s'ils n'y
résident pas.* Le domicile, en effet, ne doit pas être confondu avec
la résidence. Séjour de la personne physique, la résidence est un
fait qui se voit, qui se constate matériellement : le domicile, au
contraire, est une pure abstraction, une relation juridique entre

---

1. — L'article 14 de la loi du 5 avril 1884 contient encore une disposition relative
aux Alsaciens-Lorrains ayant opté pour la nationalité française en vertu de l'article 2
du traité franco-allemand du 10 mai 1871, mais qui n'offre plus aujourd'hui d'intérêt
pratique et que, pour cette raison, nous passerons sous silence.

une personne et un lieu, qui peut parfois n'être indiquée par aucun signe extérieur.

Tout citoyen, au moment où il atteint sa majorité, se trouve posséder de plein droit un domicile réel personnel, qui est celui qu'ont à ce même moment ses parents ou son tuteur (*Cass.*, 11 août 1890). Ce domicile, appelé *domicile d'origine*, ne se perd que par l'acquisition d'un nouveau domicile (*Cass.*, 10 avril 1906) [1]. Un électeur peut donc avoir conservé son domicile réel dans une commune où il a cessé de résider depuis longtemps, s'il n'est pas établi qu'il ait acquis ailleurs un nouveau domicile.

De quelles circonstances résulte donc la translation du domicile d'un lieu dans un autre ?

Aux termes de l'article 103 du Code civil, « le changement de domicile s'opère par le fait d'une habitation réelle dans un autre lieu, joint à l'intention d'y fixer son principal établissement ». Deux éléments sont donc à considérer : un élément de fait, l'habitation réelle dans un lieu distinct de celui où était précédemment établi le domicile ; et un élément purement subjectif, l'intention de fixer dans ce lieu son principal établissement, c'est-à-dire d'en faire le siège de ses affaires, le centre de son existence sociale. Si l'habitation réelle peut être facilement constatée, l'intention au contraire est souvent très délicate à saisir. Comment, en effet, prouver cette intention ? La preuve peut en être faite de deux manières : 1° elle peut résulter d'abord d'une déclaration expresse faite tant à la municipalité du lieu qu'on quitte qu'à celle du lieu où l'on vient se fixer (*C. civ.*, art, 104) ; 2° à défaut de cette double déclaration, la preuve de l'intention dépend des circonstances (*Ibid.*, art. 105). Ces circonstances sont extrêmement variables (V. les arrêts cités au *Manuel-Formulaire de la revision de la liste électorale*, par A. de Taillandier, n° 387 et suiv.).

Disons seulement, puisque la question nous est fréquemment posée, que les fermiers et les colons partiaires ou métayers sont présumés avoir transféré leur domicile dans la commune où est située leur exploitation agricole (*Cass.*, 28 mars 1889 ; Sirey, 1891-1-413).

Cependant le Code civil indique deux circonstances qui empor-

---

1. — En cas de doute sur le domicile d'origine et à défaut d'autres indications, le lieu de la naissance doit être réputé domicile d'origine (*Cass.*, 11 avril 1889).

tent de plein droit fixation du domicile dans un lieu déterminé :

1° L'acceptation de fonctions *conférées à vie* emporte translation immédiate du domicile du fonctionnaire dans le lieu où il doit exercer ses fonctions (*C. civ.*, art. 107), disposition qui s'applique notamment aux juges titulaires des tribunaux de première instance et aux notaires [1].

2° Les domestiques et les ouvriers majeurs ont le même domicile que les personnes qu'ils servent ou chez lesquelles ils travaillent, lorsqu'ils demeurent avec elles dans la même maison (*C. civ.*, art. 109).

Cette disposition est absolue : en acquérant le domicile de leur maître, les domestiques perdent leur domicile antérieur, et cela immédiatement, malgré toute manifestation de volonté contraire (*Cass.*, 18 avril 1905 ; 19 mars 1913) ; ils doivent donc cesser d'être inscrits sur la liste électorale de la commune où se trouvait cet ancien domicile (*Cass.*, 29 mars 1904). Ils conservent toutefois le droit de réclamer, à titre de contribuables, leur inscription sur la liste de la commune où ils sont inscrits pour la cinquième fois sans interruption au rôle des contributions directes (*Cass.*, 29 mars 1904). Le domicile du domestique, une fois établi, se conserve même pour le serviteur qui a quitté son maître et qui a cessé de résider dans la commune, jusqu'à ce qu'il soit démontré qu'il en a acquis un nouveau (*Cass.*, 3 et 10 avril 1906 ; 7 avril 1908).

Pour qu'un domestique ait le même domicile que son maître deux conditions doivent être remplies. Il faut : 1° que le domestique serve ou travaille *habituellement* chez son maître ; 2° qu'il habite avec lui dans la même maison. Par les mots : habitation dans la même maison, le législateur a évidemment entendu comprendre les dépendances de l'habitation du maître ou du patron, il n'est donc pas indispensable que le domestique ou l'ouvrier demeure sous le même toit et dans le même corps de bâtiment que son maître ou patron (*Cass.*, 13 et 23 mai 1889).

Il n'y a pas non plus à tenir compte de la durée plus ou moins

---

1. — 'Au contraire, les citoyens appelés à une fonction publique *temporaire ou révocable* demeurent soumis au droit commun et conservent le domicile qu'ils avaient auparavant, s'ils n'ont pas manifesté d'intention contraire (*Ibid.*, art. 106). C'est le cas notamment : des clercs de notaire (*Cass.*, 19 avril 1889 ; des commis ees contributions (avril 1892), des employés de chemins de fer (22 mars 1888), des instituteurs (9 mai 1889).

longue de la cohabitation ; il suffit pour que le domestique ait le droit de se faire inscrire sur la liste électorale de la commune où son maître a son domicile, que la cohabitation existe effectivement au moment où la demande d'inscription est formée (*Cass.*, 3 avril 1913).

Le domicile réel, une fois légalement constaté, donne le droit d'être inscrit sur la liste indépendamment de toute durée d'habitation ou de résidence dans la commune (*Cass.*, 10 mars 1896, 22 mars 1900). Par suite, l'électeur qui justifie avoir établi son domicile dans une commune avant l'expiration du délai fixé pour les réclamations — c'est-à-dire normalement avant le 5 février — a le droit d'être inscrit sur la liste électorale de cette commune.

§ 2. — De la résidence de 6 mois.

A également le droit d'être inscrit le citoyen qui compte six mois de résidence réelle et effective dans la commune. Une simple résidence suffit ; il n'y a pas à rechercher si cette résidence doit être permanente ou n'est que temporaire, et l'inscription ne saurait être refusée sous le prétexte que l'électeur n'a pas, par une déclaration faite à la mairie, manifesté son intention de fixer dans la commune son principal établissement (*Cass.* 28 mars 1888) : ce serait, en effet, confondre la résidence avec le domicile. Il n'est d'ailleurs pas nécessaire que les six mois de résidence soient accomplis au moment même de la revision de la liste ; il suffit qu'ils le soient avant sa clôture définitive, c'est-à-dire au plus tard, le 31 mars à minuit. Ainsi la résidence qui a commencé le 1er octobre étant complète le 31 mars, le citoyen qui en justifie a droit à l'inscription sur la liste. (*Cass.*, 18 mars 1896). Mais sa demande d'inscription doit avoir été formée dans les délais légaux, c'est-à-dire avant le 4 février à minuit [1].

En cas de contestation, la justification de la résidence est faite par des documents qu'apprécie souverainement le juge de paix,

---

1. — Le citoyen qui a changé de résidence après le 1er octobre et qui, par suite, ne peut pas avoir, même au 31 mars, 6 mois de résidence dans la commune où il est venu habiter a le droit, en vertu des dispositions combinées de l'article 23 du 2 février 1852 et de l'article 14, § 1 de la loi du 5 avril 1884 et pour n'être pas privé de l'exercice de ses droits électoraux, de réclamer le maintien de son inscription sur la liste électorale de la commune où il habitait antérieurement (*Cass.*, 1er avril 1885).

par exemple à l'aide de quittances de loyer ou de certificats délivrés par le propriétaire de la maison où habite l'électeur. Elle peut aussi être faite par témoins (*Cass.*, 16 février 1887) ; mais elle ne peut résulter de la seule déclaration de l'électeur intéressé (*ibid.*, 23 mars 1875) ni même du serment par lui prêté (*ibid.*, 1er déc. 1874). Dans les communes divisées en sections électorales, l'électeur qui fonde son droit à inscription sur une résidence de 6 mois dans la commune, doit être porté sur la liste de la section où il réside effectivement au moment de la revision de la liste, alors même que son habitation dans cette section n'aurait pas une durée de 6 mois (*Cass.*, 27 mars 1912 : *Journal* 1913, p. 18).

§ 3. — Contribuables.

La liste électorale comprend encore ceux qui, même n'ayant ni domicile légal ni résidence de six mois dans la commune, y sont inscrits pour la cinquième fois sans interruption au rôle d'une des quatre contributions directes (*contribution foncière, personnelle-mobilière, portes et fenêtres, patentes*) ou au rôle des prestations en nature, et qui, s'ils ne résident pas dans la commune, ont déclaré vouloir y exercer leurs droits électoraux [1].

La nécessité de l'inscription au rôle pour la cinquième fois est une innovation de la loi du 29 juillet 1913. Antérieurement l'inscription au rôle de l'année courante suffisait.

La disposition dont s'agit est limitative. Les citoyens inscrits au rôle de l'imposition sur les chevaux et voitures, ou sur les billards (*Cass.*, 8 mai 1877) ou au rôle de la taxe des chiens (*ibid.*, 9 avril 1883) ne rentrent donc pas dans les prévisions de la loi.

. Le droit à l'électorat est attaché, non au paiement de l'impôt, ou au fait de la propriété foncière, mais à l'inscription *personnelle* des contribuables sur le rôle de la commune (*Cass.*, 10 mars 1908). Le paiement des contributions à titre de propriétaire ou à tout autre titre ne peut donc suppléer à l'inscription personnelle (*ibid.*, 17 avril 1883). Mais le contribuable inscrit personnellement au rôle a le droit d'être électeur, alors même qu'il reconnaît que les impôts sont, par suite de conventions, payés par un tiers

---

1. — Les électeurs qui en 1919 demandent à être inscrits comme contribuables doivent donc justifier qu'ils figurent au rôle sans interruption depuis au moins l'année 1915.

(*Cass.*, 17 avril 1883) ou que l'immeuble ne lui appartient pas *(ibid.,* 5 mai 1884).

La justification de l'inscription au rôle ne peut résulter que d'extraits réguliers du rôle, ou d'un certificat délivrés par le percepteur (*Cass.*, 6 mai 1896, 13 mai 1897). Un certificat du maire ne serait pas suffisant (*ibid.*, 8 avril 1913).

Il résulte des travaux parlementaires que les autres dispositions du paragraphe 3 de l'article 14 de la loi du 5 avril 1884, auxquelles l'article 2 de la loi de 1913 ne fait aucune allusion, subsistent dans leur intégralité[1]. Est donc toujours en vigueur la disposition accordant le droit d'être inscrits aux membres de la famille des électeurs portés au rôle des prestations en nature, lorsqu'ils sont compris dans la cote du chef de famille, quoiqu'ils n'y soient pas eux-mêmes personnellement portés (*Cass.*, 26 août 1892). A notre avis, toutefois, l'inscription ne devrait avoir lieu qu'à la double condition : 1° que le chef de famille soit inscrit pour la cinquième fois au rôle des prestations en nature ; 2° que les membres de la famille soient compris dans sa cote depuis le même temps.

La disposition dont bénéficient les membres de la famille est limitative, et ne peut être étendue à d'autres personnes ; les colons partiaires, métayers et domestiques ne peuvent pas l'invoquer (23 avril 1884). D'autre part, dans les communes où les prestations ont été remplacées en totalité par la taxe vicinale, les membres de la famille ne peuvent pas prétendre être compris dans la cote établie au nom du contribuable et n'ont pas droit, en cette qualité, à leur inscription (*Cass.*, 8 avril 1908).

Enfin les habitants qui, en raison de leur âge — ceux ayant dépassé 60 ans — ou de leur santé, ont cessé d'être soumis à l'impôt des prestations, peuvent être inscrits sur la liste électorale bien que ne figurant plus au rôle des prestations. Mais ceux qui ont été antérieurement inscrits au rôle de cet impôt peuvent seuls invoquer cette disposition, à l'encontre de ceux qui n'y ont jamais figuré (*Cass.*, 2 avril 1884). Est-il en outre nécessaire qu'ils y aient

---

1. — A l'exception toutefois de la disposition concernant les « ministres des Cultes reconnus par l'Etat » qui a été implicitement abrogée déjà par la loi du 9 décembre 1850. En matière électorale, les ministres des Cultes sont aujourd'hui soumis au droit commun, et ne peuvent fonder leur droit à inscription que sur le domicile légal, la résidence de 6 mois, ou l'inscription pendant 5 ans au rôle d'une des contributions directes ou des prestations en nature.

été effectivement inscrits pendant 5 ans ? Nous ne le pensons pas, mais la question est douteuse. A notre avis, il leur suffit de justifier qu'ils y figureraient depuis 5 ans au moins, si un cas de force majeure (l'âge ou la maladie) n'avait pas fait disparaître leur inscription en les dispensant de cet impôt.

§ 4. — Fonctionnaires publics.

Ont, enfin, le droit d'être inscrits sur la liste électorale, sans condition de domicile, ni *de durée de résidence*, les fonctionnaires publics assujettis à la résidence obligatoire dans la commune.

Si le fonctionnaire public n'est pas astreint à justifier d'une durée déterminée de résidence, il doit du moins justifier d'une résidence effective dans la commune où il demande à être inscrit en cette qualité, au moment de la revision de la liste (*Cass.*, 15 mai 1889). Il ne devrait pas être inscrit si, au lieu de se conformer à l'obligation de résider dans la commune où il exerce ses fonctions, il avait conservé sa résidence effective dans une autre commune (*ibid.*, 12 juin 1877).

D'autre part, les fonctionnaires publics sont, à tous autres égards, soumis aux règles du droit commun. Ils ne pourraient donc pas être inscrits par la commission administrative postérieurement au 15 janvier, et ils ne peuvent utilement demander eux-mêmes leur inscription que dans le délai de 20 jours ouvert à tous les électeurs pour présenter leurs réclamations du 15 janvier au 4 février. Par conséquent le fonctionnaire arrivé dans la commune postérieurement au 4 février ne peut être porté que sur les listes de l'année suivante (*Cass.*, 25 mai 1987, Circ. Int., 6 mars 1908).

La qualité de fonctionnaire public, dans le sens de la loi électorale, appartient à tout citoyen investi d'un caractère public et chargé d'un service d'utilité publique, qu'il soit ou non rétribué par l'État. La Cour de cassation a reconnu cette qualité notamment aux percepteurs, aux agents assermentés des compagnies de chemins de fer, aux agents de la police municipale, aux agents voyers, aux douaniers, aux facteurs des postes, aux gardes champêtres, aux instituteurs publics, aux préposés d'octroi (V. *Manuel-Formulaire de la revision de la liste électorale*, par A. de Taillandier, nos 560 et suiv.).

§ 5. — Français établis à l'étranger.

L'article 2 de la loi du 29 juillet 1913 a ajouté à l'article 14 de la loi du 5 avril 1884 un paragraphe permettant aux citoyens français établis à l'étranger et immatriculés au consulat de France de se faire inscrire dans la commune où ils ont satisfait à la loi sur le recrutement de l'armée et rempli leurs obligations militaires, c'est-à-dire dans la commune où ils ont été inscrits sur le tableau de recensement de leur classe. D'après les déclarations du rapporteur devant la Chambre des députés, ce texte doit être interprété en ce sens que le Français établi hors de France peut, outre la commune où il est inscrit comme contribuable, opter pour une commune où il n'est pas contribuable mais où il a rempli ses obligations militaires ; c'est donc une facilité nouvelle qui lui est accordée pour lui permettre d'exercer ses droits électoraux.

CHAPITRE II. — *Interdiction des inscriptions multiples.*

La législation antérieure permettait qu'un citoyen fût inscrit simultanément et légalement sur deux listes électorales ; tel était le cas notamment de l'électeur ayant son domicile légal dans une commune et, dans une autre, une résidence effective de six mois ; dans ces deux communes, il devait être inscrit d'office. Et s'il l'avait été, en effet, il avait le droit de rester inscrit sur les deux listes, sans qu'on pût même l'obliger à opter (*Cass.*, 20 mai 1886, 21 mars et 9 avril 1900). Il pouvait ainsi, au cours de la même année, voter régulièrement dans les deux communes, pourvu que ce fût pour des élections de nature différente.

Il n'en sera plus de même à l'avenir, le principe essentiel posé par la loi du 29 juillet 1913 étant que : « *nul ne peut être inscrit sur plusieurs listes électorales* », sans qu'il y ait à distinguer si l'inscription est faite d'office ou à la demande de l'électeur.

Pour assurer l'application de ce principe la loi a pris diverses précautions :

1° *Tout électeur qui veut obtenir un changement d'inscription doit produire à l'appui de sa demande en inscription une demande en radiation de la liste de son domicile électoral antérieur, pour être transmise au maire dudit domicile (art. 1er § 6).*

Déjà, sous l'empire de l'ancienne législation, il était admis en jurisprudence que l'électeur, dont l'inscription sur une liste antérieure à l'année courante était *dûment constatée*, ne pouvait se faire inscrire sur une autre liste à moins de prouver qu'il avait obtenu ou tout au moins |sollicité en temps utile sa radiation de la première liste (*Cass.*, 30 mars et 27 avril 1896). Cette obligation était imposée non seulement à ceux qui demandaient leur inscription au seul titre de contribuable, mais à ceux aussi qui, ayant leur domicile ou une résidence de six mois dans la commune, devaient y être portés d'office sur la liste électorale (*ibid.*, 26 avril 1888). Il est vrai que la seule possibilité d'une inscription dans une autre commune n'équivalait pas à l'existence même de cette inscription et ne suffisait pas à mettre à la charge de l'électeur la nécessité de prouver qu'il n'était déjà inscrit nulle part (*Cass.*, 17 mars 1896, 27 mars 1900).

L'article 1er § 6 a-t-il voulu confirmer purement et simplement cette jurisprudence, ou bien a-t-il entendu ajouter aux obligations du demandeur en inscription ? C'est à cette dernière opinion qu'il convient, à notre avis, de se rallier ; voulant, en effet, éviter les inscriptions multiples, le législateur a dû nécessairement imposer aux demandeurs en inscription des obligations plus strictes qu'auparavant.

La première conséquence est que tout électeur qui, en raison de son âge, aura dû normalement être déjà inscrit sur la liste de son précédent domicile ou de sa précédente résidence, sera présumé y avoir été effectivement inscrit. Dès lors, quand il demandera son inscription dans une autre commune, il devra : 1º indiquer son précédent domicile électoral ; 2º joindre à sa demande d'inscription une demande en radiation de la liste de ce précédent domicile. *Cette demande sera transmise par les soins du maire de la commune où l'inscription est demandée, et par l'intermédiaire du Préfet, au maire de celle où la radiation doit être faite.*

Bien entendu cette formalité ne sera pas imposée à l'électeur qui aurait pris les devants et qui produirait à l'appui de sa demande d'inscription un certificat de radiation de la liste où il était précédemment inscrit, ou un certificat constatant qu'il n'y a jamais figuré.

Au cas où un citoyen refuserait soit d'indiquer son domicile électoral antérieur, soit de produire une demande de radiation, sa demande d'inscription devrait évidemment être rejetée par la Commission administrative et par la Commission de jugement.

Une autre conséquence est que le droit attribué par la législation antérieure (*D. 2 fév. 1852*, art. 19, §§ 1, 2 et 3) aux tiers d'électeurs de réclamer de leur propre initiative devant la Commission de jugement l'inscription des citoyens que la Commission administrative avait omis d'inscrire d'office, doit être considéré comme implicitement supprimé en fait. Le tiers électeur, en effet, ne peut pas avoir plus de droits que l'électeur lui-même; sa réclamation ne serait donc recevable que si elle était accompagnée d'une demande en radiation de la liste du précédent domicile électoral, et cette demande en radiation ne peut évidemment émaner que de l'électeur intéressé ou de son mandataire spécial [1].

2° La seconde précaution prise par la loi pour assurer l'unité d'inscription consiste en des sanctions pénales.

D'une part, toute personne ayant réclamé et obtenu une inscription sur deux ou plusieurs listes sera punie des peines prévues par l'article 31 du décret organique du 2 février 1852, c'est-à-dire d'un emprisonnement d'un mois à un an et d'une amende de 100 à 1000 francs (*L. 29 juillet 1913*, art. 1ᵉʳ, § 5) [2].

D'autre part, toute fraude dans la délivrance ou la production d'un certificat d'inscription ou de radiation des listes électorales rend son auteur passible d'une amende de 100 à 500 francs et d'un emprisonnement d'un mois à un an, sans préjudice de la perte

---

1. — Une circulaire du Ministre de l'Intérieur du 16 décembre 1913, indique cependant que la commission administrative doit recevoir les demandes d'inscription formées par les tiers-électeurs, mais à la charge d'en informer les électeurs intéressés et de les inviter à produire soit un certificat de radiation, soit une déclaration de non-inscription, suivant le cas. Les tiers électeurs conservent en tout cas le droit de réclamer, en exerçant l'action populaire créée par le décret de 1852, l'inscription des citoyens, atteignant l'âge de 21 ans et inscrits pour la première fois sur une liste électorale, que la commission administrative aurait omis d'inscrire d'office sur la liste de la commune où ils ont le droit de figurer.

2. — D'après l'article 6 de la loi du 7 juillet 1874, « ceux qui à l'aide de déclarations frauduleuses ou de faux certificats se seront fait inscrire ou auront tenté de se faire inscrire indûment sur une liste électorale ; ceux qui à l'aide des mêmes moyens auront fait inscrire ou rayer, tenté de faire inscrire ou rayer indûment un citoyen, et les complices de ces délits seront passibles d'un emprisonnement de six jours à un an et d'une amende de 50 à 500 fr. » Cette disposition est maintenue, de même que le paragraphe 2 de l'article 22 de la loi du 30 novembre 1875, et l'article 31 du décret organique du 2 février 1852 dont le paragraphe 5 de l'article 1ᵉʳ de la loi de 1913 ne fait que reproduire une partie.

des droits civiques pendant 2 ans au moins et 5 ans au plus. Si le coupable est fonctionnaire d'ordre administratif ou judiciaire, agent ou préposé du gouvernement ou d'une administration publique ou chargé d'un ministère de service public, la peine doit être portée au double (*L. 29 juillet 1913*, art. 1er *in fine* et art. 12).

3° Enfin, la troisième précaution prise par la loi consiste dans le droit accordé au maire et au tiers électeur de réclamer la radiation des citoyens bénéficiaires d'inscriptions multiples.

D'après l'article 1er §§ 2, 3 et 4 de la loi du 29 juillet 1913, lorsque, malgré les précautions prises, un citoyen se trouve simultanément inscrit sur deux ou plusieurs listes électorales, le maire, ou à son défaut, tout électeur porté sur l'une de ces listes ayant connaissance de cette multiplicité d'inscriptions peut exiger devant la commission de revision des listes électorales, huit jours au moins avant leur clôture, que ce citoyen opte pour son maintien sur l'une seulement de ces listes.

A défaut de son option dans les huit jours de la notification de la mise en demeure faite par lettre recommandée, il restera inscrit sur la liste dressée dans la commune ou section de commune où il réside depuis six mois et il sera rayé des autres listes.

Les réclamations et contestations à ce sujet sont jugées et réglées par les commissions et juges de paix compétents pour opérer la revision de la liste électorale *sur laquelle figure l'électeur qui réclame l'option*, et ce, suivant les formes et délais prescrits par le décret organique du 2 février 1852 et la loi du 7 juillet 1874.

Pratiquement, les choses se passeront de la façon suivante : le maire ou le tiers électeur, informé de la pluralité d'inscriptions, déposera à la mairie de la commune où lui-même figure sur la liste électorale une réclamation *motivée* ; récépissé en sera donné au tiers électeur. Bien que la loi ne le prescrive pas expressément, il semble qu'il y aurait lieu d'appliquer l'article 19 § 4 du décret du 2 février 1852 et d'ouvrir dans chaque mairie un registre sur lequel les réclamations, contenant le nom et le domicile du réclamant, le nom de l'électeur faisant l'objet de la réclamation et l'indication des listes électorales où il figure, seront inscrites par ordre de date. Le défaut d'inscription sur ce registre ne saurait d'ailleurs être considéré comme une cause de nullité de la réclamation ; une réclamation même verbale suffirait si elle était prouvée ou n'était pas constatée.

Ces réclamations pourront être faites dès la publication des tableaux rectificatifs, c'est-à-dire généralement à partir du 15 janvier ; elles devront l'être en tout cas huit jours au moins avant la clôture des listes, qui a lieu normalement le 31 mars, *c'est-à-dire au plus tard le 22 mars (Circ. Int., 7 sept. 1913)* [1].

Les réclamants (maire ou tiers électeurs) devront, comme tout demandeur, prouver le bien-fondé de leur demande ; ce sera donc à eux à rapporter la preuve que l'électeur mis en demeure d'opter est inscrit dans d'autres communes (V. sur le principe, *Cass.*, 15 mars 1904 ; Sir., 1906-1-463).

Les réclamations, dit l'article 1er de la loi, seront soumises à la commission de revision des listes électorales. De quelle commission s'agit-il ; est ce de la commission administrative ou bien de la commission municipale de jugement composée de cinq membres ? Ce ne peut être, à notre avis, que de la commission municipale de jugement ; en effet les réclamations dont s'agit sont incontestablement des réclamations contentieuses, et seule la commission municipale possède un pouvoir juridictionnel, à l'exclusion de la commission administrative. D'autre part, le rôle de la commission administrative prend fin dès la publication des tableaux rectificatifs ; or, comment pourrait-on savoir avant cette publication si un électeur demeurera ou non inscrit sur plusieurs listes [2] ?

Par les soins du maire, son président, la commission adressera une lettre recommandée ou fera faire une notification par un agent assermenté à chacun des électeurs ayant été l'objet d'une réclamation, et le mettra en demeure d'opter dans les huit jours pour son maintien sur une seule des listes où il possède l'aptitude à figurer [3]. S'il fait connaître son option dans ce délai, la commission lui en donnera acte et ordonnera sa radiation des autres listes. Si, au

---

1 — Les demandes en radiation faites par les tiers électeurs, *fondées sur un motif autre que la pluralité d'inscriptions*, devront comme par le passé être formées dans les 20 jours à partir de la publication des tableaux rectificatifs, c'est-à-dire jusqu'au 4 février au plus tard.

2. — La circulaire du ministre de l'Intérieur du 16 décembre 1913, émet cependant l'avis qu'il s'agit de la Commission administrative. Nous croyons cependant devoir maintenir notre opinion.

3. — D'après la circulaire du ministre de l'Intérieur, du 16 décembre 1913, la mise en demeure d'option pourra être adressée à chaque électeur intéressé par l'intermédiaire du maire de la commune où il habite, en franchise postale comme toutes les communications relatives à la revision des listes électorales. Le maire devra en accuser réception et certifier qu'elle a été remise à l'électeur intéressé.

contraire, il garde le silence, la commission rendra une décision prononçant que l'électeur restera inscrit sur la liste dressée **dans** la commune ou dans la section de commune où il réside depuis **six** mois, et ordonnant sa radiation de toutes les autres listes [1].

Il peut se faire que l'électeur n'ait nulle part une résidence de six mois. Sur quelle liste devra-t-il alors rester inscrit? La loi ne le dit pas; à notre avis, il devrait rester inscrit sur la liste de la commune où il a son domicile légal, et s'il s'agit d'un fonctionnaire public astreint à la résidence obligatoire, sur la liste de la commune où il est tenu de résider.

La commission pourra statuer sur les demandes d'option, à mesure qu'elle en sera saisie, à partir du 5 février. Elle devra, en tout cas, se réunir le 23 mars et les jours suivants pour connaître des demandes formées jusqu'à l'expiration du délai.

Le délai de huit jours imparti à l'électeur mis en cause pour exercer son option ne nous paraît pas être prescrit à peine de forclusion ; par suite, si un électeur fait connaître son option après l'expiration de ce délai, mais avant que la commission ait statué, celle-ci devra en prendre acte et le maintenir sur la liste qu'il a choisie.

---

1. — *Modèle de décision de la commission de jugement.* — L'an mil neuf cent dix-neuf, le..., la commission de jugement de la commune de..., réunie à la mairie sous la présidence de..., maire, régulièrement composée de..., délégué de l'administration et de..., délégués du Conseil municipal, a pris connaissance de la demande de mise en demeure d'option concernant M..., formée par M..., à la date du...

Et attendu qu'il résulte des pièces produites et notamment du certificat délivré par le maire de..., que M... est inscrit simultanément sur la liste électorale de la dite commune et sur celle de...

Attendu que M..., mis en demeure d'opter pour son maintien sur l'une seulement de ces listes, par lettre recommandée en date du..., a fait connaître son option pour la liste de la commune de... par lettre en date du..., *ou* par une déclaration enregistrée à la mairie de... le... (*ou bien :* n'a pas fait connaître son option dans le délai imparti par lui. *Ajouter dans ce cas :* Attendu qu'il résulte des documents produits *ou* des déclarations faites à la commission que M... réside depuis six mois dans la commune de...)

Décide:

M... restera inscrit sur la liste de la commune de..., et sera rayé de la liste de la commune de... Notification de la présente décision sera faite aux parties en cause, par écrit et à domicile, dans les trois jours par les soins de l'Administration municipale.

En foi de quoi ont signé les membres de la commission.

. . . .

Lorsque la demande d'option aura été faite par le maire, nous estimons que celui-ci devra s'abstenir de siéger à la commission et se faire remplacer par son suppléant légal conformément à l'article 84 de la loi du 5 avril 1884.

La décision de la commission sera notifiée *à toutes les parties en cause*, dans la forme administrative, par écrit et à domicile, dans les trois jours, conformément à l'article 21, du décret organique du 2 février 1852 et à l'article 4 § 2 de la loi du 7 juillet 1874.

En outre, à l'expiration du délai d'appel et si elle n'a pas été attaquée dans ce délai, une expédition en sera transmise au maire de chacune des communes où la radiation devra être effectuée.

La décision de la commission peut être attaquée devant le juge de paix, soit par l'électeur dont la radiation a été prononcée, soit par le maire ou le tiers électeur qui a formé la demande d'option, si cette demande a été repoussée. L'appel sera formé par simple déclaration au greffe de la justice de paix du canton, dans les **cinq** jours de la notification. (*D. org.*, 2 *février* 1852, art. 21 § 2 ; *L. 7 juillet* 1874, art. 4 § 2).

A notre avis, les tiers électeurs qui n'étaient pas en cause devant la commission peuvent également interjeter appel, en se fondant sur l'article 19 du décret du 2 février 1852, aux termes duquel tout électeur inscrit a le droit de réclamer contre les inscriptions ou les radiations qui lui semblent faites indûment. Cet appel devrait être, conformément à la jurisprudence, formé dans les 20 jours de la décision.

CHAPITRE III. — *Opérations de la Commission administrative.*

D'après les explications que nous venons de donner, le rôle de la Commission administrative peut être ainsi résumé.

Radiations. — Comme par le passé, elle pourra opérer d'office toutes les radiations ; elle pourra, dès que le droit d'un électeur lui paraîtra douteux, le mettre en demeure *au moyen d'une radiation motivée et dûment notifiée* de fournir toutes les justifications nécessaires à la commission de jugement qu'il saisira de sa demande en réinscription. (*Cass.*, 4 mai 1881). •

La loi nouvelle lui fait, en outre, une obligation de radier d'office, à la charge de motiver cette radiation et de la notifier aux intéressés :

1° Tous les électeurs qu'elle saura être inscrits dans une autre commune, qu'ils y aient été inscrits d'office ou sur leur demande ;

2° Tous les contribuables non résidants qui ne figurent pas au rôle des contributions directes ou des prestations en na-

ture pour la cinquième fois au moins, c'est à-dire depuis 1915.

Inscriptions. — Antérieurement, la commission pouvait et même devait inscrire d'office tous les citoyens remplissant l'une quelconque des conditions ci-dessus énumérées au chapitre Ier (domicile légal dans la commune, résidence de six mois, résidence obligatoire en qualité de fonctionnaire public, inscription au rôle d'une des contributions directes ou des prestations en nature). Seuls, les contribuables ou prestataires *non résidants* ne pouvaient être inscrits que sur leur demande.

A notre avis, le système des inscriptions d'office paraît incompatible avec les principes essentiels de la loi du 29 juillet 1913, avec l'interdiction absolue des inscriptions multiples et avec l'obligation de produire à l'appui de toute demande de changement d'inscription une demande en radiation de la liste du domicile électoral antérieur, et il doit être considéré comme implicitement abrogé. Nous estimons donc que la commission ne devra inscrire d'office que les électeurs atteignant l'âge de 21 ans et inscrits par suite *pour la première fois* sur une liste, domiciliés ou résidants dans la commune.

Pour tous les autres électeurs qui auraient acquis, depuis la revision de 1914 l'aptitude à figurer sur la liste de la commune, elle attendra qu'ils aient présenté une demande d'inscription soit pas eux-mêmes, soit par un mandataire. Toutefois, il serait bon en pratique de les en informer soit par affiches, soit par une note remise à leur domicile [1].

III. — Mesures transitoires édictées pour la revision des listes électorales en 1919.

(Loi du 15 janvier 1919).

Article premier. — Par dérogation aux dispositions du décret réglementaire du 2 février 1852 et de la loi du 7 juillet 1874, les

---

1. — *Modèle d'affiche ou de note.* Le maire de la commune de... a l'honneur d'informer les citoyens qui ont acquis, depuis la dernière revision de la liste électorale, l'aptitude à figurer sur cette liste, comme possédant dans la commune leur domicile légal ou résidence prescrite par la loi, qu'ils n'y seront inscrits que sur leur demande.

A l'appui de cette demande, ils devront indiquer leur précédent domicile électoral et produire une demande en radiation de toutes les listes sur lesquelles ils sont actuellement portés.

Fait à..., le...

délais impartis pour l'établissement des listes électorales sont, pour l'année 1919, fixés de la manière suivante :

Jusqu'au 31 janvier inclus, pour l'établissement du tableau des additions et retranchements ;

Jusqu'au 5 février inclus, pour la publication du dit tableau ;

Jusqu'au 5 avril inclus, pour les réclamations aux fins d'inscription ou de radiation ;

Jusqu'au 31 mai inclus, pour la clôture des listes.

Les divers délais des opérations postérieures aux réclamations sont fixés ainsi qu'il suit :

Pour les décisions des commissions municipales, dix jours, jusqu'au 15 avril inclus ;

Pour la notification des décisions des commissions municipales cinq jours, jusqu'au 20 avril inclus ;

Pour le délai d'appel devant le juge de paix, 5 jours, jusqu'au 25 avril inclus ;

Pour les décisions du juge de paix, 20 jours, jusqu'au 15 mai inclus ;

Pour la notification des décisions du juge de paix, 6 jours, jusqu'au 21 mai inclus ;

Pour le pourvoi en cassation, 10 jours, jusqu'au 31 mai inclus.

Article 2. — Tout électeur mobilisé qui aura été indûment rayé ou qui n'aura pas été porté sur les listes électorales de 1919, pourra même après la clôture de la liste, se pourvoir devant le tribunal de paix aux fins d'inscription par déclaration ou par lettre recommandée adressée au greffier.

Dans les vingt-quatre heures du dépôt, le greffier du tribunal notifiera le pourvoi formé au maire de la commune où le réclamant veut exercer son droit, et le maire portera le jour même cet avis à la connaissance de la population dans les formes ordinaires.

La réclamation devra être introduite par le mobilisé dans les 20 jours qui suivront son renvoi dans ses foyers. Pour les militaires résidant dans les colonies, ce délai commencera à compter du jour de leur débarquement.

Le tribunal de paix statuera cinq jours au moins et dix jours au plus après le dépôt au greffe de ladite réclamation.

Article 3. — Les mêmes délais supplémentaires de réclamation, selon la même procédure, seront ouverts aux réfugiés et évacués en suite d'opérations militaires ou de l'invasion, ainsi qu'aux électeurs coloniaux maintenus dans la métropole, faute de moyens de transport pour rejoindre la colonie où ils doivent être inscrits s'ils ont été omis ou indûment rayés.

Le délai de 20 jours courra pour eux à dater du jour où ils sont rentrés dans leurs foyers.

A l'appui de leur demande d'inscription, ils devront déposer un certificat du maire de la commune d'évacuation ou de refuge attestant qu'ils ne sont point inscrits sur les listes électorales de ladite commune ou qu'ils ont formé une demande aux fins de radiation.

Ce délai de 20 jours courra pour les coloniaux maintenus en France, faute de moyens de transport, à dater du jour de leur debarquement dans la colonie où ils doivent être inscrits.

Article 4. — La présente loi est applicable à l'Algérie et aux colonies.

Direction des Publications Administratives

22, Rue Cambacérès — Paris (8e)

Recommandé

JRISPRUDENCE MUNICIPALE et RURALE

(Fondée en 1884)

RÉDACTEUR EN CHEF : **Ch. RABANY** o ✱

Directeur Honoraire au Ministère de l'Intérieur

La Jurisprudence municipale et rurale est un recueil mensuel fondé par Marcel BURIN DU BUISSON, Rédacteur au Ministère de l'Intérieur, et continué par le *Comité de rédaction des Publications administratives*, avec la collaboration de fonctionnaires des administrations centrales et départementales. Cette publication met entre les mains des autorités locales un répertoir raisonnée et complet des textes législatifs et réglementaires, des instructions données par les divers Ministères, sous forme de circulaires, de lettres ou de dépêches, et de la jurisprudence du Conseil d'Etat, de la Cour de Cassation et des autres Tribunaux administratifs et judiciaires.

Malgré son prix modique, le recueil contient, classés, annotés et commentés, les documents *intéressant le droit municipal et rural*, épars dans les publications suivantes : *Journal officiel ; — Bulletin des lois ; — Bulletin du ministère de l'Intérieur ; — Bulletin du ministère de l'Instruction publique ; — Bulletin du ministère de la Justice ; — Bulletin du ministère de la Guerre ; — Répertoires divers de droit et jurisprudence*, etc., etc.

En s'abonnant à la *Jurisprudence municipale et rurale*, **on réalise donc une sérieuse économie.**

Le *Comité de Rédaction* répond *officieusement*, par lettre particulière, aux questions et consultations qui lui sont adressées par MM. les abonnés.

Le recueil complet (**10 francs par annuité**) comprend annuellement **douze livraisons** comprenant **chacune** un minimum de trois feuilles **de 16 pages, soit en tout 48 pages** à 2 colonnes chacune, et constitue un répertoire périodique complet de toutes les matières touchant à la vie municipale et au droit rural.